初めて酵母を起こして、パンを焼いた

庭先で摘んだビワをさっと洗って瓶に入れたら、水をたっぷり注ぎ、フタをきっちり閉める。
今から十数年前に、友人のアドバイスを頼りに初めて酵母を仕込んだときのことを、よく覚えています。
こんなにシンプルな方法で本当に酵母が育てられるの?
半ば信じられない気持ちで経過を観察しました。
静かな瓶の世界に変化が見られたのが5日目か6日目の頃。
底に沈んでいたビワが浮き、周りにブツブツと気泡が立ち始め、
フタを緩めてみると、プシュッ!! という発泡音とともに、きめ細かい泡がしぶきを上げました。
酵母液が放つ野性的な甘酸っぱい香りは
子供の頃、原っぱや林を駆け巡り、野草や果実を摘んで遊んだ記憶を呼び覚ましてくれました。
わっ! 何て素晴らしいんだ!!
この瞬間から、私と酵母の暮らしが始まりました。

これまで一度もパンを作ったことがない私は、このビワ酵母で初めて生地を捏ねました。
ただ黙々と、陶芸の菊練りの要領をイメージしながら。
すると手にまとわりついていた粥状のペーストは弾力を持ち始め、次第にまとまっていきます。
捏ね上げから十数時間の発酵を経て、生地は艶やかな餅のように大きく膨らみました。
そっと台に広げ、丸い形にしたら、はやる気持ちを抑えてもう一度生地を休ませます。

そしていよいよオーブンへ。

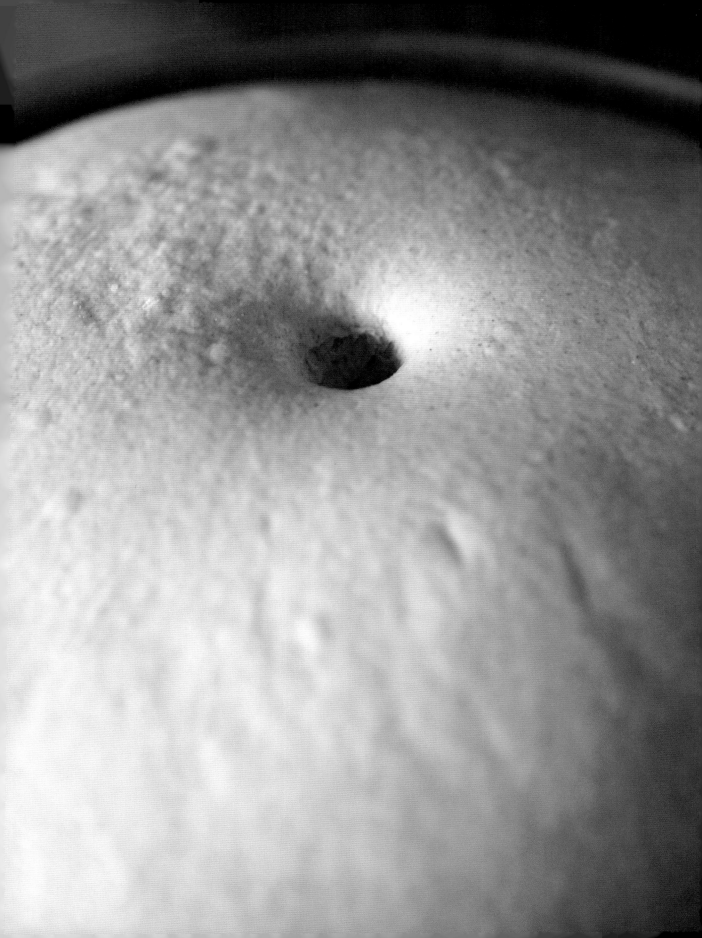

熱い庫内でまるで呼吸をする生き物のように伸び上がり、焼き色を帯びてパンになっていく。
その様子をじっと見守りました。
焼き上がった初めてのパンが放つフルーティーな香り、
噛み締めるほどに口中に広がる旨み、内層のみずみずしさ…。
こんなに力強く活き活きしたパンを
自らの手で、しかも自分の家で焼けたことは、何にも代えがたい喜びでした。

私は庭や畑、それに近所の自然から、
春夏秋冬、あらゆる果物、野菜、花々を瓶に詰めて酵母を起こし、パンを焼き続けました。
瓶は日に日に増えて行き、棚に収まらず床を埋めるほど、酵母との暮らしに夢中でした。

そして私は生まれ育った環境で、家族と小さなパン屋を始めました。
営業日は週に2日。売り切れ終い。
駅から離れた住宅地の店にご近所から、ときに遠方からお客様が足を運んでくださいます。
この小さな営みを続けて10年の月日が経ちました。
酵母が心地よく働いてくれるように、作り手がそっと手を差し伸べる。
すると香り高いパンとなり、人と人を繋いでくれる。
酵母に生かされている日々に心から感謝しています。

本書ではこれまでの経験をもとに
旬の素材から起こす酵母の魅力をより活かせる
ストレート法によるパン作りをご紹介します。
元気な酵母液が起こせたら、パンの完成は約束されたようなものです。
材料は酵母液、小麦粉、塩。
基本的に生地に含まれる水分の内訳は酵母液全量です。
旬の酵母が放つ風味がパンの個性として表れます。

手塩にかけて焼いたパンを嚙み締めたときに感じる
甘み、旨み、鼻に抜ける香り…、
パンから季節を感じられる、酵母ありきのパン作り。
この豊かな体験をぜひ味わっていただきたいと思います。

タロー屋

目 次

- 14 　初めて酵母を起こして、パンを焼いた
- 20 　材料
- 21 　道具
- 22 　酵母を起こす
- 24 　果物の酵母〈りんご酵母〉
- 26 　りんご酵母で焼いてみる〈カンパーニュ〉
- 31 　発酵環境について
- 32 　果物の酵母〈いちご酵母〉
- 34 　花の酵母〈バラ酵母〉
- 36 　野菜、ハーブの酵母〈トマト酵母〉

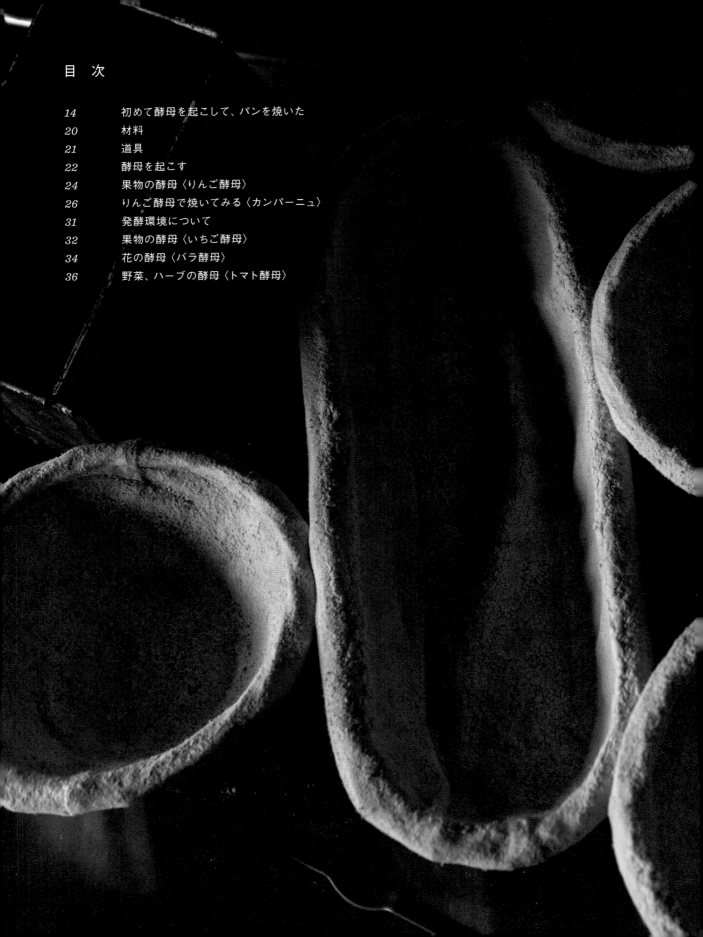

春

- 40　いちご酵母のカンパーニュ
- 42　すりつぶしいちご酵母の白パン
- 44　すりつぶしいちご酵母の角食
- 46　バラ酵母のフリュイ
- 50　八重桜酵母のコンプレ
- 52　カモミール酵母のイングリッシュマフィン
- 56　すりつぶしいちご酵母で焼く"我が家のパンケーキ"

夏

- 60　ラベンダー酵母とハチミツのクッペ
- 62　桃酵母の食パン
- 64　ラズベリー酵母のベーグル
- 68　トマト酵母のピザ
- 72　ミント酵母のチョコブール
- 74　梨酵母とトウモロコシのリュスティック
- 78　鋳物の厚手鍋で美味しく焼き上がるカンパーニュ

秋

- 82　巨峰酵母のレザン
- 84　すりつぶし巨峰酵母のフォカッチャ
- 88　すりつぶし柿酵母のピザ
- 90　干しいちじく酵母のフィグ・ノワ
- 94　キンモクセイ酵母のリュスティック

冬

- 102　りんご酵母とルッコラ、金ごまのブール
- 104　すりつぶしりんご酵母のシナモンロール
- 108　レモン酵母のノワ・レザン
- 112　レモン酵母のクッペ
- 114　レモン酵母のジンジャーブレッド
- 116　ゆず酵母のショコラバトン
- 120　キンカン酵母のコンプレ

本書の決まりごと
- 小さじ1は5ml、大さじ1は15mlです。
- ごく少量の調味料の分量は「少々」または「ひとつまみ」としています。
  「少々」は親指と人差し指でつまんだ分量で、「ひとつまみ」は親指と人差し指と中指の3本でつまんだ分量になります。
- 「適量」はちょうどよい分量、「適宜」は入れなくてもよいということです。
- オーブンの機種によって、温度、加熱時間、焼き上がりが異なります。表記している時間を目安にして、様子を見ながら焼いてください。

酵母取扱い上の注意
- 育てた酵母は1日数回ガス抜きを行い、瓶が破裂しないように注意してください。
- 本書の内容でトラブルが発生した場合は、著者、弊社が責任を負うことはできません。

材料

タロー屋のパン作りの材料はいたってシンプルです。泡が噴き出るくらいに元気な酵母、上質な国産小麦、ミネラル豊富な海塩、そして浄水を使っています。

【酵母】

自家菜園の野菜、果物、花から起こす季節の自家培養酵母を使います（酵母を起こす・p22参照）。本書では中種を使用しないストレート法でパンを作るため、製法がシンプルな分、瓶から噴き出るくらいに元気に発酵した酵母液を用意します。パン作りに使う際は、常温の状態にしておくことも大切です。ちなみにタロー屋では、生地に混ぜ込む野菜や果物も主に自家菜園で育てたものを使用しています。

【粉】

タロー屋で使用している粉は北海道にある江別製粉の国産小麦です。強力粉は「はるゆたかブレンド」、準強力粉は「TYPE-ER」、全粒粉は「石臼挽き全粒粉」。ライ麦のみカナダもしくは、ドイツ産のものを使用しています。上記の粉は甘みが感じられ、もっちりと引きの強いパンを作ることができます。

【塩】

精製されていないミネラル分の多い、海塩がおすすめです。タロー屋では、フランス産のゲランドの塩を使用しています。お好みのミネラル塩があるようでしたら、そちらをお使いください。生地に馴染みがよいように細かいものが適しています。

【水】

浄水をパン作りに使っています。ご家庭ではフィルターつきの浄化ポット、もしくは蛇口に浄水フィルターをつけるのがおすすめですが、水道水でもかまいません。

【砂糖】

生地や酵母、トッピングする果物をマリネする際に使います。南米産のオーガニックシュガーをはじめ、きび砂糖、洗双糖など、未精製で、ミネラル分を多く含み、身体に入っても安心なものを選んでいます。

【その他の材料】

ドライフルーツ、ナッツ、ごま、オリーブオイルなどオーガニックのものを使用しています。ご家庭では手に入りやすい、できるだけ上質なものを選んでください。オイルコーティングされているドライフルーツは、熱湯を回しかけて洗ってからお使いください。

道具

パン作りにあると便利な道具を紹介します。
ご家庭にあるもののほか、手に入りやすい道具で十分です。
以下の道具があると、作業がしやすくなります。

【捏ね】

スケール
粉、塩などを計量し、生地の分割に使います。スケールのほか、計量カップ、計量スプーンなども併せて準備します。

ボウル
直径27cmほどの大きさのボウルが使いやすいです。ガラス製、ステンレス製は問いません。

泡立て器
ボウルに入れた粉、塩など、材料を混ぜるのに使います。ない場合は、木ベラをお使いください。

木ベラ
粉に酵母を回しかけてから、全体をざっくり混ぜるのに使います。ご家庭にあるしゃもじ、スパチュラなどでも大丈夫です。

【分割・成形】

茶こし
生地に粉をふるのに使います。ステンレス製のシングル網がおすすめです。片付ける際は、目がつまらないように丁寧に洗い、よく乾かしてください。

カード
生地を混ぜたり、分割する際に使用します。また作業台についた生地をこそげ取ったりとあると重宝します。

麺棒
生地を伸ばしたり、ガス抜きするときに使用します。タロー屋では一般的な木製麺棒（直径32×長さ355mm）を使用しています。

発酵カゴ
バヌトンとも呼ばれます。布で覆われたカゴで、丸型、オーバル型などがあります。市販のカゴに布をかけて代用してもよいでしょう。

クープナイフ
パンにクープ（切り込み）を入れるためのナイフです。ペティナイフでも代用できますが、よく切れる刃を使うと、きれいにクープが開きます。

キャンバス地
（布取り用）
二次発酵で、成形した生地がだれないようする際に使います。使うときは、たっぷりの粉をふって生地がくっつかないように注意しましょう。

【仕上げ】

霧吹き
生地の乾燥防止や、焼成前のスチーム入れに使用します。通常の霧吹きでかまいませんが、ノズルの長いタイプは扉のすき間からスチームできるので、あると便利です。

酵母を起こす

タロー屋の酵母作りはとてもシンプルです。
ネジフタ式の瓶、旬の果物、花、野菜、水。場合に応じて砂糖、ハチミツ。
たったこれだけの道具と材料で、元気な酵母を育てることができます。
まずは酵母が伸びやかに働くための環境作りから。
清潔な瓶に旬の材料とたっぷりの水、適宜糖分を加えてフタをしっかり閉めます。
材料の周りにプップッと気泡が見え始めたら
酸素を取り入れて呼吸を促しましょう。
フタを開けた瞬間、ブシュッとシャンパンのように
あふれるほどの気泡が沸き上がれば、元気な酵母液のでき上がりです。

果物の酵母

甘みを蓄えた果物は酵母のごちそうです。ジューシーで香りのよい、旬のものを選びましょう。
仕込むときのポイントは、果物を酵母菌が食べやすい形状にすること。
幼い子どもに食べさせるように切ったり、すりつぶしたり、そんな気持ちが大切です。

〈りんご酵母〉

りんごは初めてでも安定して酵母を起こしやすい果物です。
爽やかな果実味のりんご酵母はあらゆるパンに幅広く活用できます。
ハンドブレンダーですりつぶしてから仕込めば、
より発酵力の強い酵母液となり、
副材料の豊富な生地もしっかり膨らませてくれます。

材料　750mlの瓶・1瓶分

りんご＊　　1/2〜1個（瓶の1/3の高さほどの量）
水　適量（瓶の首下までたっぷり）
清潔な瓶＊＊　　1瓶
＊ 酵母を起こす際に使う果物は、新鮮でなるべく上質なものを使用する。
＊＊瓶、フタとも煮沸消毒を行う。

作り方

1. りんごはさっと洗い、皮つきのままくし形切りにし、芯を取るⒶ。
2. 清潔な瓶の中にりんごを入れる。瓶の首下まで水をたっぷり注ぎⒷ、フタをしっかりと閉めるⒸ。

経過

しばらくはフタを開けずに室温に置く。
1日数回、瓶を上下に返し、静かに様子を観察する。
仕込んでから4〜5日、りんごの周りにプツプツと小さな気泡が立ち始めⒹ、
皮の端から色が抜けて水分が濁り始めたらⒺ、順調に発酵が進んでいるサイン。
そうしたら1日数回、瓶のフタを開けて酵母に酸素を与える。
フタを開けた瞬間、シュワッと細やかなしぶきが上がればⒻ、酵母液の完成。

発酵の目安

春夏なら4〜5日。秋冬なら7〜8日。
発酵が進まない場合は、砂糖、ハチミツなどの糖分を小さじ1〜2加える。
酵母液はパンを焼くまで冷蔵庫で保存する。
1日数回瓶のフタを緩めてガス抜きをする。
使う際は常温に戻して発泡するぐらい元気かどうか確認する。

こんなときは

素材が新鮮でない、瓶に汚れが付着している、
瓶のフタの締まりが緩いなどの理由で、
不快な臭いやカビが発生することがあります。
その際は使わずに破棄し、再度清潔な瓶で作り直してください。

D E
F

すりつぶしりんご酵母

りんご1個をさっと洗い、皮つきのままくし形切りにし、芯を取る。清潔な瓶に入れてハンドブレンダーで撹拌するか（ブレンダーが回りにくい場合は水適量（分量外）を加える）、すりつぶしてから瓶に入れる。しばらくフタを開けずに室温に置く。3～4日、小さな気泡が見え、フタを開けてモコモコとビールのような泡が立ったら発酵のピーク。そうしたらパンを焼くまで冷蔵庫に入れ、1日数回瓶のフタを緩めてガス抜きをする。使う際は常温に戻して発泡するぐらい元気かどうか確認する。

りんご酵母で焼いてみる〈カンパーニュ〉

酵母と強力粉、塩で作る、シンプルな配合のカンパーニュは、
本書のすべてのパンの原点とも言える基本のパンです。
香ばしいクラストともっちりと弾力のあるクラム。
噛めば噛むほど、口の中に広がる小麦の旨み、そしてりんご酵母の果実味。
自家製酵母パンの醍醐味を味わうことができるはずです。
大きなパンを焼き上げたときの喜びもひとしおです。

材料　直径約21cm・1個分

強力粉（はるゆたかブレンド）　500g
りんご酵母　330ml
塩（ゲランドの塩）　10g

作り方

[ミキシング]

1. 材料を計量し、それぞれ用意するⒶ。
2. ボウルに強力粉と塩を入れ、泡立て器でよく混ぜ合わせるⒷ。
3. りんご酵母を粉全体に回しかけながら注ぎ入れるⒸ。
4. 木ベラでゆっくり、大きく円を描きながら混ぜ合わせるⒹ。
5. 木ベラに生地がまとわりつき始めたら利き手で生地を捏ね、もう一方の手でボウルをゆっくり回しながら5～10分捏ねるⒺ。表面にザラつきが残る程度でも問題ない。
6. ボウルや手にまとわりついていた生地がひとつの塊になるまで捏ね続けたら、生地を丸めてボウルの中央に置きⒻ、軽く霧吹きをしてラップをかける。

りんご酵母のカンパーニュ

F

［一次発酵］

7 25〜28℃の環境で10〜12時間、生地が2倍程度に膨らむまで発酵させるⒼ。

［成形］

8 生地の表面に粉適量（分量外）をふり、カードで生地をボウルからはがしⒽ、作業台の上に取り出すⒾ。

9 生地の表面を上にして、反時計回りにハンドルを回すようなイメージで生地を丸める（表面が適度に張るまで8〜10回転）Ⓙ。

10 閉じ目を指でしっかりつまんで締めるⓀ。

11 閉じ目を下にして丸めた生地を作業台の上に置き、表面に粉適量（分量外）をふるⓁ。発酵カゴにも粉適量（分量外）をふり、閉じ目を上にして発酵カゴに入れるⓂ。

［二次発酵］

12 25〜28℃の環境で1時間半〜2時間、生地がひと回り大きく膨らむまで発酵させるⓃ。

［焼成］

13 オーブンに天板を入れ、200〜250℃に予熱する。

14 予熱完了後、ヤケドしないように注意しながら熱した天板を取り出してオーブン用シートを敷き、素早くカゴをひっくり返して生地を落とし、十字にクープを入れⓄ、側面にも飾りクープを入れる。

15 生地の表面に霧吹きをし、素早くオーブンに入れる。庫内にも霧吹きをする。

16 180〜200℃で30分ほど焼き、表面に香ばしい焼き色がついたらオーブンから取り出す。

発酵環境について

一次発酵、二次発酵とも25〜28℃の多湿な環境が理想的です。冬場は暖かく、夏場は発酵過多にならないように温度管理に気を配りましょう。特に寒い場合は、右写真のようにプラスチックの箱に湯を張ったボウルを入れると、簡単に発酵環境を作ることができます。温度計で箱内の温度を細めにチェックしましょう。湯が冷めたら温かい湯に替えてください。

容器は発泡スチロール製の箱やクーラーボックス、簡易型の室内用温室なども適しています。身近にあるものを活用してみてください。

果物の酵母

〈いちご酵母〉

順調に発酵したいちご酵母液は、
思わず頬がほころぶほど、素晴らしい香りです。
甘くてジューシーなので、すりつぶして酵母にするのにも向いています。
あらゆる生地を風味豊かに膨らませてくれる万能選手です。

材料　750mlの瓶・1瓶分
いちご＊　1パック（瓶の1/3の高さほどの量）
水　適量（瓶の首下までたっぷり）
清潔な瓶＊＊　1瓶
＊　酵母を起こす際に使う果物は、新鮮でなるべく上質なものを使用する。
＊＊瓶、フタとも煮沸消毒を行う。

作り方
① いちごはさっと洗い、ヘタを取るⒶ。
② 清潔な瓶の中にいちごを入れる。瓶の首下まで水をたっぷり注ぎⒷ、フタをしっかりと閉めるⒸ。

経過
しばらくはフタを開けずに室温に置く。
1日数回、瓶を上下に返し、静かに様子を観察する。
いちごの色素が徐々に抜けて水が赤く染まり、いちごの周りにプツプツと
小さな気泡が立ち始めたらⒹ、1日数回、瓶のフタを開けて酵母に酸素を与える。
フタを開けた瞬間、シュワッと細やかなしぶきが上がればⒺ、酵母液の完成。

発酵の目安
春夏なら4〜5日。秋冬なら7〜8日。
発酵が進まない場合は、砂糖、ハチミツなどの糖分を小さじ1〜2加える。
酵母液はパンを焼くまで冷蔵庫で保存する。
1日数回瓶のフタを緩めてガス抜きをする。
使う際は常温に戻して発泡するぐらい元気かどうか確認する。

こんなときは
素材が新鮮でない、瓶に汚れが付着している、
瓶のフタの締まりが緩いなどの理由で、
不快な臭いやカビが発生することがあります。
その際は使わずに破棄し、再度清潔な瓶で作り直してください。

酵母に向いている果物　＊すりつぶしに向いているもの。
杏、いちじく（ドライ）、梅、柿＊、かりん、巨峰＊、山葡萄、
プラム、梨、洋梨＊、ビワ、プルーン、桃＊、りんご＊、
柑橘系（いよかん・オレンジ・清美オレンジ・キンカン・ゆず・レモン）
ベリー系＊（いちご・ブラックベリー・マルベリー・ラズベリー）

すりつぶしいちご酵母

いちご1パックをさっと洗い、ヘタを取る。清潔な瓶に入れてハンドブレンダーで攪拌するか（ブレンダーが回りにくい場合は水適量（分量外）を加える）、すりつぶしてから瓶に入れる。しばらくフタを開けずに室温に置く。3〜4日、小さな気泡が見え、フタを開けてモコモコとビールのような泡が立ったら発酵のピーク。そうしたらパンを焼くまで冷蔵庫に入れ、1日数回瓶のフタを緩めてガス抜きをする。使う際は常温に戻して発泡するぐらい元気かどうか確認する。

花の酵母

旬の恵みで酵母を起こし続けるうちに、花の酵母への探究心がフツフツと湧きました。
試行錯誤を繰り返し、今では年に約5種類の花酵母でパンを焼いています。
心待ちにしていた香りが漂い始めると、再び巡ってきた季節に感謝し、花の収穫を行います。

〈バラ酵母〉

お客様が庭で育てられたオールドローズの香りに魅了され、
以来タロー屋の菜園でも、酵母のために数種のバラを育てるようになりました。
花の美しさもさることながら、発酵を遂げた酵母から
放たれる、上品な香りにうっとりします。

材料　750mlの瓶・1瓶分

バラの花＊　4～5輪（瓶にふんわり首下高さまで入る量）
水　適量（瓶の首下までたっぷり）
砂糖（またはハチミツ）　小さじ2
清潔な瓶＊＊　1瓶

＊ 酵母を起こす際に使う花は、農薬がかかっていないものを使用する。
　また毒性がないか、確認してから使うこと。
＊＊ 瓶、フタとも煮沸消毒を行う。

作り方

1 バラの花は中心を指で押さえ、花びらを引っぱって外すⒶ。
2 水にさっと浸し、土などの汚れを洗い流すⒷ。
3 清潔な瓶の中に花びらを入れ、瓶の首下まで水をたっぷり注ぐ。砂糖を加えⒸ、フタをしっかりと閉める。

経過

しばらくはフタを開けずに室温に置く。1日数回、瓶を上下に返し、静かに様子を観察する。バラの色素が徐々に抜けて水が色づき、バラの周りにプツプツと小さな気泡が立ち始めたらDの右、1日数回、瓶のフタを開けて酵母に酸素を与える。フタを開けた瞬間、シュワッと細やかなしぶきが上がれば、酵母液の完成ⒺⒻ。

発酵の目安

春夏なら4～5日。秋冬なら7～8日。発酵が進まない場合は、砂糖、ハチミツなどの糖分を小さじ1～2追加する。酵母液はパンを焼くまで冷蔵庫で保存する。
1日数回瓶のフタを緩めてガス抜きをする。
使う際は常温に戻して発泡するぐらい元気かどうか確認する。

こんなときは

素材が新鮮でない、瓶に汚れが付着している、瓶のフタの締まりが緩いなどの理由で、不快な臭いやカビが発生することがあります。
その際は使わずに破棄し、再度清潔な瓶で作り直してください。

酵母に向いている花

カモミール、キンモクセイ、バラ、ラベンダー、八重桜

野菜、ハーブの酵母

野菜やハーブでも酵母を起こすことができます。
夏の太陽を浴びて育ったトマトは甘い果汁がたっぷり。
ミント、タイム、ローズマリーなど、ハーブにも酵母は棲みついています。

〈トマト酵母〉

穫れ立ての完熟トマトは、酵母のご馳走です。
実を半分に切り、水とともに仕込む方法はもちろん、
ブレンダーですりつぶして発酵させると、よりパワフルな酵母液になります。

材料　750mlの瓶・1瓶分
ミニトマト＊　1パック（瓶の1/3の高さほどの量）
水　適量（瓶の首下までたっぷり）
清潔な瓶＊＊　1瓶
＊酵母を起こす際に使う野菜は、新鮮でなるべく上質なものを使用する。
＊＊瓶、フタとも煮沸消毒を行う。

作り方
1　ミニトマトはさっと洗い、ヘタを取って半分に切るⒶ。
2　清潔な瓶の中にミニトマトを入れる。瓶の首下まで水をたっぷり注ぎⒷ、フタをしっかりと閉める。

経過
フタを開けずにしばらく常温に置く。1日数回、瓶を上下に返し、静かに様子を観察する。仕込んでから4〜5日、トマトのエキスが抜けて水分が濁り始めⒸ、トマトが浮かんできたらⒹ、順調に発酵が進んでいるサイン。そうしたら1日数回、瓶のフタを開けて酵母に酸素を与える。フタを開けた瞬間、シュワッと細かなしぶきが上がればⒺ、酵母液の完成。

発酵の目安
春夏なら4〜5日。秋冬なら7〜8日。
発酵が進まない場合は、砂糖、ハチミツなどの糖分を小さじ1〜2加える。
酵母液はパンを焼くまで冷蔵庫で保存する。
1日数回瓶のフタを緩めてガス抜きをする。
使う際は常温に戻して発泡するぐらい元気かどうか確認する。

こんなときは
素材が新鮮でない、瓶に汚れが付着している、
瓶のフタの締まりが緩いなどの理由で、
不快な臭いやカビが発生することがあります。
その際は使わずに破棄し、再度清潔な瓶で作り直してください。

酵母に向いている野菜、ハーブ　＊すりつぶしに向いているもの。
トマト＊、ミニトマト＊、タイム、ミント、ローズマリー、よもぎ

［ハーブ酵母の場合］
水にさっと浸し、土などを洗い流してから清潔な瓶に入れ、水とともに砂糖、またはハチミツを小さじ2ほど加える。発酵が遅い場合は、さらに砂糖などを追加する。ハーブの周りにプツプツと小さな気泡が立ち始めたら、酸素を1日数回与える。フタを開けた瞬間、シュワッと細やかなしぶきが上がれば、酵母液の完成。

すりつぶしトマト酵母

ミニトマト1パックをさっと洗い、ヘタを取って半分に切る。清潔な瓶に入れてハンドブレンダーで撹拌するが(ブレンダーが回りにくい場合は水適量(分量外)を加える)、すりつぶしてから瓶に入れる。しばらくフタを開けずに室温に置く。3～4日、小さな気泡が見え、フタを開けたらシュワッと泡が立ち、爽やかなトマトの香りが立ち昇ったら発酵のピーク。そうしたらパンを焼くまで冷蔵庫に入れ、1日数回瓶のフタを緩めてガス抜きをする。使う際は常温に戻して発泡するぐらい元気かどうか確認する。

春 spring

ソメイヨシノの開花から半月遅れて、
タロー屋に春が訪れる。
親戚の老木から八重桜の若葉と
つぼみを摘み取り、
瓶に仕込む。
春の恵みがご近所から、
母が育てる花壇から、
次々と工房に届く。
八重桜、カモミール、バラ…、
そして花香る春のパンを焼く。

いちご酵母のカンパーニュ

ほんのりといちごの香気を感じる、春らしい食事パンです。
スライスしてそのまま、あるいはトーストして
いただくのがおすすめです。
いちごジャムとの相性も抜群です。

材料　直径約21cm・1個分

強力粉(はるゆたかブレンド)　500g
いちご酵母　330ml
塩(ゲランドの塩)　10g

作り方

[ミキシング]
① 強力粉に塩を加え、泡立て器でよく混ぜ合わせる。
② いちご酵母を粉全体に回しかけながら注ぎ入れ、木ベラでゆっくり、大きく円を描きながら混ぜ合わせる。
③ 木ベラに生地がまとわりつき始めたら利き手で生地を捏ね、もう一方の手でボウルをゆっくり回しながら5〜10分捏ねる。
④ ボウルや手にまとわりついていた生地がひとつの塊になるまで捏ね続けたら、生地を丸めてボウルの中央に置き、軽く霧吹きをしてラップをかける。

[一次発酵]
⑤ 25〜28℃の環境で10〜12時間、生地が2倍程度に膨らむまで発酵させる。

[成形]
⑥ 生地の表面に粉適量(分量外)をふり、カードで生地をボウルからはがし、作業台の上に取り出す。
⑦ 生地の表面を上にして、反時計回りにハンドルを回すようなイメージで生地を丸める(表面が適度に張るまで8〜10回転)。
⑧ 閉じ目を指でしっかりつまんで締める。
⑨ 閉じ目を下にして丸めた生地を作業台の上に置き、表面に粉適量(分量外)をふる。発酵カゴにも粉適量(分量外)をふり、閉じ目を上にして発酵カゴに入れる。

[二次発酵]
⑩ 25〜28℃の環境で1時間半〜2時間、生地がひと回り大きく膨らむまで発酵させる。

[焼成]
⑪ オーブンに天板を入れ、200〜250℃に予熱する。
⑫ 予熱完了後、ヤケドしないように注意しながら熱した天板を取り出してオーブン用シートを敷き、素早くカゴをひっくり返して生地を落とし、十字にクープを入れる。
⑬ 予熱完了後、生地の表面に霧吹きをし、素早くオーブンに入れる。庫内にも霧吹きをする。
⑭ 180〜200℃で30分ほど焼き、表面に香ばしい焼き色がついたらオーブンから取り出す。

すりつぶしいちご酵母の白パン

すりつぶしたいちご酵母で作る双子形パンです。
短時間焼成なので、もっちりしていて風味豊か。
お子様のおやつにもぴったりです。

<u>材料　6個分</u>

強力粉（はるゆたかブレンド）　400g

すりつぶしいちご酵母　260ml

砂糖　30g

塩（ゲランドの塩）　8g

<u>作り方</u>
［ミキシング］
①ボウルに強力粉と砂糖、塩を入れ、泡立て器でよく混ぜ合わせる。
②すりつぶしいちご酵母を粉全体に回しかけながら注ぎ入れ、木ベラでゆっくり、大きく円を描きながら混ぜ合わせる。
③木ベラに生地がまとわりつき始めたら利き手で生地を捏ね、もう一方の手でボウルをゆっくり回しながら5〜10分捏ねる。
④ボウルや手にまとわりついていた生地がひとつの塊になるまで捏ね続けたら、生地を丸めてボウルの中央に置き、軽く霧吹きをしてラップをかける。
［一次発酵］
⑤25〜28℃の環境で6〜8時間、生地が2倍程度に膨らむまで発酵させる。
［分割・ベンチタイム］
⑥生地の表面に粉適量（分量外）をふり、カードで生地をボウルからはがし、作業台の上に取り出す。
⑦生地を6等分にして、生地切れに注意しながらやさしく丸め、濡れフキンをかけて15分ほど休ませる。
［成形］
⑧オーブン用シートを12cm角に6枚カットし、天板に並べる。
⑨生地の表面に粉適量（分量外）をふる。細めの麺棒、または菜箸などを生地の中心にのせ、押し転がすように双子形に成形しⒶ、天板に並べたオーブン用シートの上にのせるⒷ。
［二次発酵］
⑩25〜28℃の環境で1時間〜1時間半、生地がひと回り大きく膨らむまで発酵させる。
［焼成］
⑪オーブンを200〜250℃に予熱する。
⑫生地の表面に粉適量（分量外）をふり、双子形が曖昧になっていたら、再び麺棒で形を整えるⒸ。
⑬予熱完了後、生地の表面に霧吹きをし、素早くオーブンに入れる。庫内にも霧吹きをし、180℃で10分ほど焼く。

すりつぶしいちご酵母の角食

いちご酵母の甘くふくよかな香りは幸せそのもの。
型焼きの角食なら、風味をしっかりパンに閉じ込めて、
いちご酵母の魅力を余す所なく楽しむことができます。

材料　1斤分

強力粉（はるゆたかブレンド）　400g
すりつぶしいちご酵母　260ml
砂糖　20g
塩（ゲランドの塩）　7g

作り方

[ミキシング]
① ボウルに強力粉と砂糖、塩を入れ、泡立て器でよく混ぜ合わせる。
② すりつぶしいちご酵母を粉全体に回しかけながら注ぎ入れ、木ベラでゆっくり、大きく円を描きながら混ぜ合わせる。
③ 木ベラに生地がまとわりつき始めたら利き手で生地を捏ね、もう一方の手でボウルをゆっくり回しながら5〜10分捏ねる。
④ ボウルや手にまとわりついていた生地がひとつの塊になるまで捏ね続けたら、生地を丸めてボウルの中央に置き、軽く霧吹きをしてラップをかける。

[一次発酵]
⑤ 25〜28℃の環境で6〜8時間、生地が2倍程度に膨らむまで発酵させる。

[ベンチタイム]
⑥ 食パン型とフタに油（分量外）を薄く塗る。
⑦ 生地の表面に粉適量（分量外）をふり、カードで生地をボウルからはがし、作業台の上に取り出す。
⑧ 生地の表面を上にして、生地切れに注意しながらやさしく丸め、濡れフキンをかけて15分ほど休ませる。

[成形]
⑨ 生地の表面に粉適量（分量外）をふり、生地を麺棒で16×20cmの楕円形に伸ばし、裏返して手前から1/3、奥から1/3を中心に向けて折る。さらに半分に折ってナマコ形に成形し、合わせ目をしっかり閉じ、閉じ目を下にして生地を型に入れる。

[二次発酵]
⑩ 25〜28℃の環境で1時間〜1時間半、生地が型の縁近くまで膨らんできたらフタを閉じる。

[焼成]
⑪ オーブンを200〜250℃に予熱する。
⑫ 予熱完了後、素早くオーブンに入れ、180℃で28分ほど焼く。
⑬ オーブンから取り出してフタを外し、食パンを型から素早く取り出す。

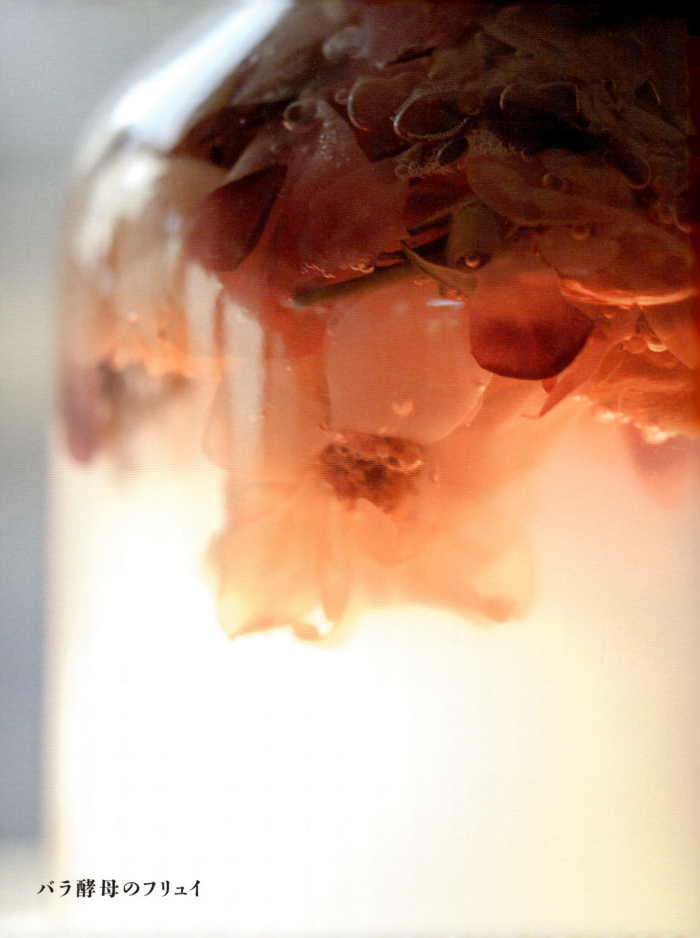

バラ酵母のフリュイ

バラ酵母のフリュイ

バラ酵母パンの魅力は生地と副材料の組み合わせの
妙によって引き出されるように思います。
バラ香る生地に、4種のドライフルーツが織りなす
複雑なハーモニーは気品があり、
実にロマンティックな花酵母パンです。

材料　直径約8cm・4個分

強力粉（はるゆたかブレンド）　300g
バラ酵母　170ml
ハチミツ
　（またはラズベリーソース）　30g
レーズン　45g
ドライアプリコット　30g
ドライクランベリー　30g
オレンジピール　30g
塩（ゲランドの塩）　6g

作り方
[ミキシング]
1 レーズンは5分ほど水に浸し、水気をザルで漉す。ドライアプリコットは粗く刻む。
2 ボウルに強力粉と塩を入れ、泡立て器でよく混ぜ合わせる。
3 バラ酵母とハチミツを混ぜ、粉全体に回しかけながら注ぎ入れて木ベラでゆっくり、大きく円を描きながら混ぜ合わせる。
4 木ベラに生地がまとわりつき始めたら利き手で生地を捏ね、もう一方の手でボウルをゆっくり回しながら5〜10分捏ねる。
5 まとわりついていた生地がひとつの塊になるまで捏ね続けたら1と残りのドライフルーツを加え、均等に馴染むまで数分捏ねる。
6 生地を丸めてボウルの中央に置き、軽く霧吹きをしてラップをかける。
[一次発酵]
7 25〜28℃の環境で10〜12時間、生地が2倍程度に膨らむまで発酵させる。
[分割・ベンチタイム]
8 生地の表面に粉適量（分量外）をふり、カードで生地をボウルからはがし、作業台の上に取り出す。
9 生地を4等分にして、濡れフキンをかけて15分ほど休ませる。
[成形]
10 生地を軽く丸めⒶ、閉じ目は締めずにⒷ、粉適量（分量外）をふる。
11 キャンバス地に粉適量（分量外）をしっかりふる。布取りをし、閉じ目を下にして生地をのせるⒸ。
[二次発酵]
12 25〜28℃の環境で1時間半〜2時間、生地がひと回り大きく膨らむまで発酵させる。
[焼成]
13 オーブンに天板を入れ、200〜250℃に予熱する。
14 予熱完了後、ヤケドしないように熱した天板を取り出す。オーブン用シートを敷き、閉じ目を上にして素早く生地をのせる。
15 生地の表面に霧吹きをし、素早くオーブンに入れる。庫内にも霧吹きをする。
16 表面に香ばしい焼き色がつくまで180〜200℃で20分ほど焼く。

八重桜酵母のコンプレ

ソメイヨシノが終盤を迎えると、
いよいよ八重桜の芽吹きが始まります。
摘み立ての若葉とつぼみを瓶に仕込み、1週間。
順調に発酵を遂げた酵母液はほんのりピンク色で、
桜餅のような香りを放ちます。
全粒粉入りの生地には、この花酵母がとてもよく合います。
弾力のあるクラムを嚙み締めると桜の香りが口に広がります。

材料　長さ約22cm・1個分
強力粉（はるゆたかブレンド）　250g
全粒粉（石臼挽き全粒粉）　250g
八重桜酵母　330ml
塩（ゲランドの塩）　10g

作り方
［ミキシング］
1 ボウルに強力粉と全粒粉、塩を入れ、泡立て器でよく混ぜ合わせる。
2 八重桜酵母を粉全体に回しかけながら注ぎ入れ、木ベラでゆっくり、大きく円を描きながら混ぜ合わせる。
3 木ベラに生地がまとわりつき始めたら利き手で生地を捏ね、もう一方の手でボウルをゆっくり回しながら5～10分捏ねる。
4 ボウルや手にまとわりついていた生地がひとつの塊になるまで捏ね続けたら、生地を丸めてボウルの中央に置き、軽く霧吹きをしてラップをかける。
［一次発酵］
5 25～28℃の環境で10～12時間、生地が2倍程度に膨らむまで発酵させる。
［ベンチタイム］
6 生地の表面に粉適量（分量外）をふり、カードで生地をボウルからはがし、作業台の上に取り出す。
7 生地を軽く丸め、濡れフキンをかけて15分ほど休ませる。
［成形］
8 生地の表面に粉適量（分量外）をふり、生地を麺棒で16×20cmの楕円形に伸ばして裏返すⒶ。手前から1/3、奥から1/3を中心に向けて折るⒷ。さらに半分に折りながらラグビーボール形に成形し、合わせ目をしっかり閉じるⒸ。
9 表面に粉適量（分量外）をふり、発酵カゴ（オーバル型）にも粉適量（分量外）をふり、閉じ目を上にして発酵カゴに入れるⒹ。
［二次発酵］
10 25～28℃の環境で1時間半～2時間、生地がひと回り大きく膨らむまで発酵させる。
［焼成］
11 オーブンに天板を入れ、200～250℃に予熱する。
12 予熱完了後、ヤケドに注意しながら熱した天板を取り出す。オーブン用シートを敷いて素早くカゴをひっくり返して生地を落とし、縦に1本クープを入れるⒺ。
13 生地の表面に霧吹きをし、素早くオーブンに入れる。庫内にも霧吹きをする。
14 表面に香ばしい焼き色がつくまで180～200℃で30分ほど焼く。

カモミール酵母のイングリッシュマフィン

A B
C D

カモミール酵母の
イングリッシュマフィン

カモミールがほのかに香るイングリッシュマフィン。
まずはそのまま、爽やかな風味を感じてみてください。
朝食の一品にぴったりなパンです。

材料　直径約9cm・5個分
強力粉（はるゆたかブレンド）　300g
カモミール酵母　200ml
砂糖　20g
塩（ゲランドの塩）　5g
コーングリッツ　適量

作り方
［ミキシング］
① ボウルに強力粉と砂糖、塩を入れ、泡立て器でよく混ぜ合わせる。
② カモミール酵母を粉全体に回しかけながら注ぎ入れ、木ベラでゆっくり、大きく円を描きながら混ぜ合わせる。
③ 木ベラに生地がまとわりつき始めたら利き手で生地を捏ね、もう一方の手でボウルをゆっくり回しながら5〜10分捏ねる。
④ ボウルや手にまとわりついていた生地がひとつの塊になるまで捏ね続けたら、生地を丸めてボウルの中央に置き、軽く霧吹きをしてラップをかける。
［一次発酵］
⑤ 25〜28℃の環境で10〜12時間、生地が2倍程度に膨らむまで発酵させる。
［分割・成形］
⑥ 天板にオーブン用シートを敷き、その上にセルクル型を並べ、型の内側にも同じ高さにカットしたオーブン用シートを巻く。
⑦ 並べた型の中にコーングリッツをふる。
⑧ 生地の表面に粉適量（分量外）をふり、カードで生地をボウルからはがし、作業台の上に取り出す。生地を5等分にし、生地切れに注意しながらやさしく丸める。
⑨ 閉じ目を指でしっかりつまんで締め、閉じ目を下にして型に入れるⒶ。
［二次発酵］
⑩ 25〜28℃の環境で1時間半〜2時間、生地が膨らんで型より盛り上がるまで発酵させる。
［焼成］
⑪ オーブンを200〜250℃に予熱する。
⑫ 生地の表面に霧吹きをしてコーングリッツをふりⒷ、オーブン用シートを全体に被せて天板をのせるⒸ。
⑬ 予熱完了後、素早くオーブンに入れる。
⑭ 180℃で10分ほど焼く。オーブンから取り出し、ヤケドに注意しながら手早く型を外し、オーブン用シートをはがすⒹ。

すりつぶしいちご酵母で焼く
"我が家のパンケーキ"

自家製酵母で作るパンケーキはモチモチして、風味豊か。
すりつぶしいちご酵母のパンケーキは我が家の定番です。
甘い香りの酵母に、薄力粉、牛乳または豆乳、卵、
そして砂糖を混ぜ合わせ、プツプツと発酵するまで見守ります。
朝食に楽しみたいときは前日の夜に生地を作り、ひと晩冷蔵庫へ。
美味しくてついつい食べてしまうので、
生地は少し多めに準備します。

材料 約10枚分
薄力粉　300g
すりつぶしいちご酵母　300ml
牛乳（または豆乳）　300ml
卵　1個
砂糖　30g
塩　少々
油　適量
ベリーソース＊　適量
水きりヨーグルト＊＊　適量
お好みのベリー　適宜

＊ベリーソース
お好きなベリー（いちご、ラズベリー、ブラックベリーなど）、その半量の砂糖、レモン汁少々を小鍋に入れ、弱火で10分ほど煮る。

＊＊水きりヨーグルト
ボウルにザルを重ね、ペーパータオルを敷く。その上にヨーグルトをのせ、包むようにして冷蔵庫にひと晩ほど置いて水気をきる。

作り方
1 ボウルに薄力粉とすりつぶしいちご酵母、牛乳、卵、砂糖、塩を入れ、泡立て器で粉のダマがなくなるまで混ぜ合わせる。ラップをし、発酵するまで冷蔵庫にひと晩ほど置く。
2 生地がプツプツと発酵したらⒶ、油を引いたフライパンに生地を流し入れⒷ、表面にプツプツ穴が開いたらⒸ、ひっくり返して両面色よく焼くⒹ。
3 皿に数枚重ね、水きりヨーグルトをのせ、ベリーソースをかける。あれば、お好みのベリーをトッピングする。

夏 summer

1年で畑が最も美しく、
生命力を感じる梅雨の頃。
ハーブは青々と茂り、
生け垣のラズベリーが
赤く熟し始める。
オーブンの様子を気にしながら
パン作りの合間、
早朝の薄明るい畑で、
ベリー摘みに勤しむ。
ラズベリー、ラベンダー、トマト…、
いつの間にか、酵母の瓶も
鮮やかな夏色に変化している。
畑の恵みから、
野性味あふれるパンを焼く。

ラベンダー酵母とハチミツのクッペ

ラベンダー色の酵母液は目を見張るほどの美しさです。
まさしく初夏の色。その芳香は強く個性的ですが、
ハチミツの甘みとコクが全体のバランスを取り持ってくれます。
ラベンダーが鮮やかに香るクッペです。

材料　長さ約22cm・2本分
強力粉（はるゆたかブレンド）　500g
ラベンダー酵母　330ml
ハチミツ　50g
塩（ゲランドの塩）　10g

作り方
[ミキシング]
1 ボウルに強力粉と塩を入れ、泡立て器でよく混ぜ合わせる。
2 ラベンダー酵母とハチミツを混ぜ、粉に回しかけながら注いで木ベラでゆっくり、大きく円を描きながら混ぜ合わせる。
3 木ベラに生地がまとわりつき始めたら利き手で生地を捏ね、もう一方の手でボウルをゆっくり回しながら5〜10分捏ねる。
4 ボウルや手にまとわりついていた生地がひとつの塊になるまで捏ね続けたら、生地を丸めてボウルの中央に置き、軽く霧吹きをしてラップをかける。

[一次発酵]
5 25〜28℃の環境で10〜12時間、生地が2倍程度に膨らむまで発酵させる。

[分割・ベンチタイム]
6 生地の表面に粉適量（分量外）をふり、カードで生地をボウルからはがし、作業台の上に取り出す。
7 生地を2等分にして丸め、濡れフキンをかけて15分ほど休ませる。

[成形]
8 生地の表面に粉適量（分量外）をふり、生地を麺棒で16×20cmの楕円形に伸ばし、裏返して手前から1/3、奥から1/3を中心に向けて折る。さらに半分に折ってナマコ形に成形し、合わせ目をしっかり閉じる。
9 キャンバス地に粉適量（分量外）をしっかりふる。布取りをし、閉じ目を下にして生地をのせる。

[二次発酵]
10 25〜28℃の環境で1時間半〜2時間、生地がひと回り大きく膨らむまで発酵させる。

[焼成]
11 オーブンに天板を入れ、200〜250℃に予熱する。
12 予熱完了後、ヤケドしないように注意しながら熱した天板を取り出してオーブン用シートを敷き、素早く生地を並べたら粉適量（分量外）をふり、格子状にクープを入れる。
13 生地の表面に霧吹きをし、素早くオーブンに入れる。庫内にも霧吹きをする。
14 180〜200℃で26分ほど焼き、表面に香ばしい焼き色がついたらオーブンから取り出す。

桃酵母の食パン

甘い果汁をたっぷりと蓄えた白桃は
夏の果物の中でも特に酵母に向いています。
発酵力そのままに、窯の中で生地が元気に膨らみ、
外皮は香ばしく、内層はもっちりと焼き上がります。

材料　1斤分

強力粉（はるゆたかブレンド）　400g

桃酵母　260ml

砂糖　20g

塩（ゲランドの塩）　7g

作り方
［ミキシング］
① ボウルに強力粉と砂糖、塩を入れ、泡立て器でよく混ぜ合わせる。
② 桃酵母を粉全体に回しかけながら注ぎ入れ、木ベラでゆっくり、大きく円を描きながら混ぜ合わせる。
③ 木ベラに生地がまとわりつき始めたら利き手で生地を捏ね、もう一方の手でボウルをゆっくり回しながら5～10分捏ねる。
④ ボウルや手にまとわりついていた生地がひとつの塊になるまで捏ね続けたら、生地を丸めてボウルの中央に置き、軽く霧吹きをしてラップをかける。
［一次発酵］
⑤ 25～28℃の環境で10～12時間、生地が2倍程度に膨らむまで発酵させる。
［ベンチタイム］
⑥ 食パン型の内側に油（分量外）を薄く塗る。
⑦ 生地の表面に粉適量（分量外）をふり、カードで生地をボウルからはがし、作業台の上に取り出す。
⑧ 生地の表面を上にして、生地切れに注意しながらやさしく丸めⒶ、濡れフキンをかけて15分ほど休ませる。
［成形］
⑨ 生地の表面に粉適量（分量外）をふり、生地を麺棒で16×20cmの楕円形に伸ばして裏返しⒷ、手前から1/3、奥から1/3を中心に向けて折る。さらに半分に折ってナマコ形に成形して合わせ目をしっかり閉じⒸ、閉じ目を下にして型に生地を入れるⒹ。
［二次発酵］
⑩ 25～28℃の環境で1時間半～2時間、生地が型の上部を越える程度に膨らむまで発酵させる。
［焼成］
⑪ オーブンを200～250℃に予熱する。
⑫ 予熱完了後、生地の表面に霧吹きをし、素早くオーブンに入れる。庫内にも霧吹きをする。
⑬ 180℃で28分ほど焼き、表面に香ばしい焼き色がついたらオーブンから取り出し、型から素早く外す。

ラズベリー酵母のベーグル

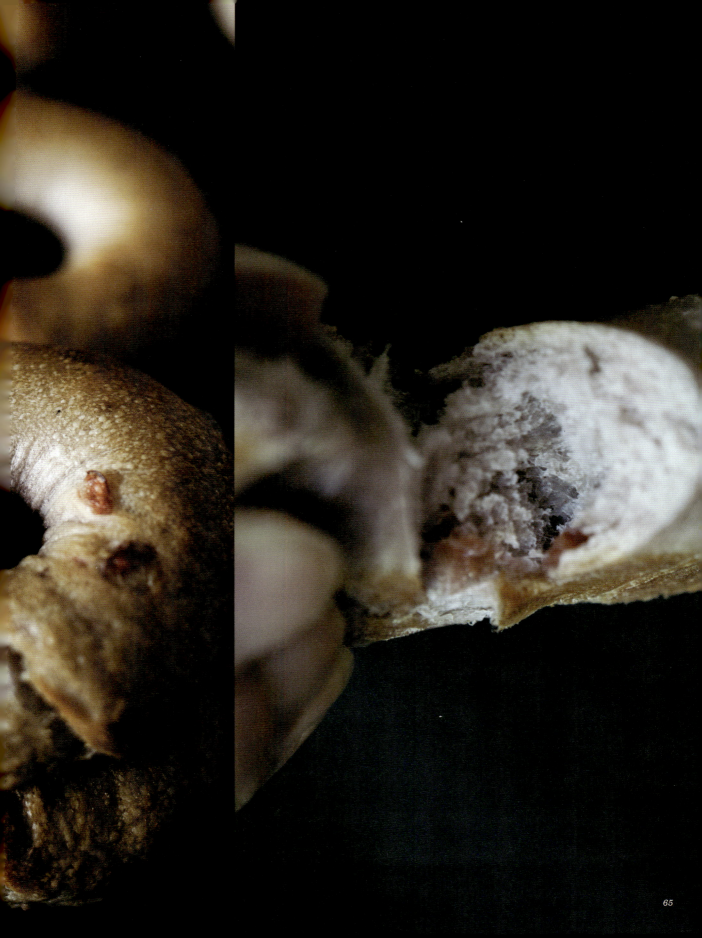

ラズベリー酵母のベーグル

ラズベリー色の生地にクランベリーを散りばめた初夏のベーグル。
自家製酵母パンならではの引きの強い、
もっちりとした食感を楽しめます。

材料　5個分
強力粉（はるゆたかブレンド）　300g
ラズベリー酵母　180ml
ドライクランベリー　30g
砂糖　5g
塩（ゲランドの塩）　5g
ハチミツ　適量

作り方
[ミキシング]
1　ボウルに強力粉と砂糖、塩を入れ、泡立て器でよく混ぜ合わせる。
2　ラズベリー酵母を粉全体に回しかけながら注ぎ入れ、木ベラでゆっくり、大きく円を描きながら混ぜ合わせる。
3　木ベラに生地がまとわりつき始めたら利き手で生地を捏ね、もう一方の手でボウルをゆっくり回しながら5〜10分捏ねる。
4　ボウルや手にまとわりついていた生地がひとつの塊になるまで捏ね続けたら、粗く刻んだドライクランベリーを加え、均等に馴染むまで数分捏ねる。
5　生地を丸めてボウルの中央に置き、軽く霧吹きをしてラップをかける。
[一次発酵]
6　25〜28℃の環境で10〜12時間、生地が2倍程度に膨らむまで発酵させる。
[分割・ベンチタイム]
7　生地の表面に粉適量（分量外）をふり、カードで生地をボウルからはがし、作業台の上に取り出す。
8　生地を5等分にして軽く丸め、濡れフキンをかけて15分ほど休ませる。
[成形]
9　生地を麺棒で伸ばしⒶ、折り畳んで長さ約20cmの棒状に成形するⒷ。片方の端を麺棒で押さえて平らにしⒸ、もう片方の端を包みⒹ、閉じ目をしっかり押さえてリング状にするⒺ。
10　12cm角にカットしたオーブン用シート5枚を天板に並べ、その上にベーグルをのせるⒻ。
[二次発酵]
11　25〜28℃の環境で1時間〜1時間半、生地がひと回り大きく膨らむまで発酵させる。
[予熱・沸かし]
12　オーブンを200〜250℃に予熱し、鍋に水（分量外）とハチミツを入れて沸かす。
[茹で・焼成]
13　沸かした湯にオーブン用シートごと11を静かに入れ、上下30秒ずつ茹でる（シートは湯の中ではがれたら取り除く）Ⓖ。
14　水気をきり、オーブン用シートを敷いた天板に並べⒽ、表面に香ばしい焼き色がつくまで180℃で18分ほど焼くⒾ。

トマト酵母のピザ

トマト酵母のピザ

梅雨明け間近、父が作る畑のトマトが赤く色づき始めます。
夏の風物詩、トマト酵母ピザの焼き初めです。
トマト色の生地を薄く伸ばし、色とりどりのトマトを
隙間なく敷き詰めていきます。
仕上げにオリーブオイル、塩とハーブを
まぶしたパン粉をふったらオーブンへ。
焼き立てを頬張れば、トマトの旨みが口の中にほとばしります。

材料　20×25cmの長方形・1枚分
[生地]
準強力粉（TYPE-ER）　250g
トマト酵母　160ml
オリーブオイル　15g
塩（ゲランドの塩）　5g
[トッピング]
ミニトマト　適量（1/2に切る）
パン粉　適量
ハーブ（オレガノ、バジルなど）　適量
塩　2つまみ
オリーブオイル　適量

作り方
[ミキシング]
1 ボウルに準強力粉と塩を入れ、泡立て器でよく混ぜ合わせる。
2 トマト酵母を粉全体に回しかけながら注ぎ入れ、木ベラでゆっくり、大きく円を描きながら混ぜ合わせる。
3 木ベラに生地がまとわりつき始めたら利き手で生地を捏ね、もう一方の手でボウルをゆっくり回しながら5～10分捏ねる。
4 ボウルや手にまとわりついていた生地がひとつの塊になるまで捏ね続けたら、オリーブオイルを加え、均等に馴染むまで数分捏ねる。
5 生地を丸めてボウルの中央に置き、軽く霧吹きをしてラップをかける。
[一次発酵]
6 25～28℃の環境で10～12時間、生地が2倍程度に膨らむまで発酵させる。
[成形]
7 生地の表面に粉適量（分量外）をふり、カードで生地をボウルからはがし、オーブン用シートを敷いた天板の上に取り出す。
8 生地の表面を上にして手でやさしく押さえながら、20×25cmの長方形に伸ばす。
[二次発酵]
9 25～28℃の環境で1時間ほど生地が膨らむまで発酵させる。
[トッピング]
10 ミニトマトは半分に切り、パン粉はハーブ、塩、オリーブオイルと混ぜ合わせる。
11 生地全体にフォークで穴を開ける。ミニトマトの断面を上にして隙間なく並べ、10 のパン粉をふる。
[焼成]
12 オーブンを200～250℃に予熱する。
13 予熱完了後、11 を素早くオーブンに入れる。
14 ピザの耳に焼き色がつくまで200～230℃で25分ほど焼く。

ミント酵母のチョコブール

畑に生い茂るミントで酵母を起こし、
ミントチョコ味のパンを作ってみたいという
妻のアイデアから生まれたパンです。
ミント酵母液で捏ね上げた生地にチョコチップをたっぷりと。
ナチュラルなミントチョコの風味が新鮮です。

材料　直径約10cm・2個分
強力粉（はるゆたかブレンド）　250g
ミント酵母　170ml
チョコレートチップ　60g
ミントの葉　適量
塩（ゲランドの塩）　5g

作り方

［ミキシング］
①ボウルに強力粉と塩を入れ、泡立て器でよく混ぜ合わせる。
②ミント酵母を粉全体に回しかけながら注ぎ入れ、木ベラでゆっくり、大きく円を描きながら混ぜ合わせる。
③木ベラに生地がまとわりつき始めたら利き手で生地を捏ね、もう一方の手でボウルをゆっくり回しながら5〜10分捏ねる。
④チョコレートチップ、粗く刻んだミントの葉を加え、均等に馴染むまで数分捏ねる。
⑤生地を丸めてボウルの中央に置き、軽く霧吹きをしてラップをかける。

［一次発酵］
⑥25〜28℃の環境で10〜12時間、生地が2倍程度に膨らむまで発酵させる。

［分割・成形］
⑦生地の表面に粉適量（分量外）をふり、カードで生地をボウルからはがし、作業台の上に取り出す。
⑧生地を2等分して、反時計回りにハンドルを回すようなイメージで生地を丸める（表面が適度に張るまで8〜10回転）。
⑨閉じ目を指でしっかりつまんで締める。
⑩キャンバス地に粉適量（分量外）をしっかりふる。布取りをし、閉じ目を下にして生地をのせる。

［二次発酵］
⑪25〜28℃の環境で1時間半〜2時間、生地がひと回り大きく膨らむまで発酵させる。

［焼成］
⑫オーブンに天板を入れ、200〜250℃に予熱する。
⑬予熱完了後、ヤケドしないように注意しながら熱した天板を取り出す。オーブン用シートを敷き、素早く生地を並べたら粉適量（分量外）をふり、斜めに5本クープを入れる。
⑭生地の表面に霧吹きをし、素早くオーブンに入れる。庫内にも霧吹きをし、180〜200℃で18分ほど焼く。

梨酵母とトウモロコシのリュスティック

梨酵母とトウモロコシの
リュスティック

梨とトウモロコシの甘みの質に着目し、
このペアリングを試みたところ、相性抜群でした。
高加水の生地は捏ね上げを最小限にし、
要所要所の折り畳み作業で骨格を作ります。
また冷蔵長時間発酵により熟成を促すことで
甘み、旨みを引き出します。

材料　直径約10cm・4個分
強力粉（はるゆたかブレンド）　500g
トウモロコシ　2本
梨酵母　400ml
塩（ゲランドの塩）　11g

作り方
[ミキシング]
1 トウモロコシは茹でて実をひと粒ずつ外しておく。
2 強力粉と塩を合わせてボウルにふるい入れる。
3 梨酵母を粉全体に回しかけながら注ぎ入れ、やさしく混ぜ合わせる。ボウルをゆっくり回転させながら生地を中央に向けて折り畳むように8～10回混ぜる。
4 全体がまとまってきたらトウモロコシの実を加え、折り畳むように混ぜるⒶ。
5 均等に混ざったらⒷ、ラップをかけるⒸ。
[一次発酵]
6 3時間ほど常温に置いてから冷蔵庫に入れ、10～12時間長時間熟成発酵させる。
7 冷蔵庫から取り出し、常温に戻したら2倍程度に膨らむまで発酵させるⒹ。
[分割・成形]
8 生地の表面に粉適量（分量外）をふってカードで生地をボウルからはがしⒺ、作業台の上に取り出す。
9 粉適量（分量外）をしっかりふり、生地が作業台にくっつかないように注意しながら数回折り畳む。カードで4等分にしⒻ、軽くまとめるⒼ。
10 キャンバス地に粉適量（分量外）をしっかりふる。布取りをし、閉じ目を下にして生地をのせるⒽ。
[二次発酵]
11 25～28℃の環境で1時間～1時間半、生地がひと回り大きく膨らむまで発酵させる。
[焼成]
12 オーブンに天板を入れ、200～250℃に予熱する。
13 予熱完了後、ヤケドしないように熱した天板を取り出してオーブン用シートを敷き、閉じ目を上にしてのせるⒾ。生地の表面に霧吹きをし、素早くオーブンに入れる。庫内にも霧吹きをする。
14 表面に香ばしい焼き色がつくまで200℃で20分ほど焼く。

鋳物の厚手鍋で美味しく焼き上がるカンパーニュ

鋳物の厚手鍋を使えば、本書で紹介しているカンパーニュやリュスティックなどの高加水パンが、
オーブンの性能に左右されることなく、パン屋顔負けに美味しく焼き上がります。
使い方のコツは、オーブンとともに鍋をしっかり予熱することです。
密閉された熱い鍋の中で、生地中の水分がスチーム代わりとなり、艶よく伸びやかに焼き上がります。
焼き始めて15分経ったらフタを外すか、鍋から取り出して焼き色がつくまで再び焼きます。
くれぐれもヤケドに注意して作業を行ってください。
二次発酵までの作業は本書のりんご酵母のカンパーニュ（p26～31）のレシピを参照してください。

<u>本書レシピでの活用方法</u>
- オーブンに鍋を入れて200～250℃に予熱する。
- オーブンから鍋を取り出し、鍋底にオーブン用シートを敷く。
- ヤケドに注意して生地を鍋底中央に落とし込んだら、クープを入れる。
- フタをして180～200℃で15分焼成したらフタを外すか、
  鍋から取り出してさらに焼く（香ばしい焼き色がつくまで約15分）。

<u>鍋のサイズと生地分量</u>
- 直径20cm前後の鍋は生地500gまで
- 直径25cm前後の鍋は生地1000gまで

左は20cmの「STAUB（ストウブ）」。同様に「LE CREUSET（ル・クルーゼ）」や「VERMICULAR（バーミキュラ）」などもおすすめです。右は「LODGE（ロッジ）」の「ダッチオーブンコンボクッカー」。片手鍋にフライパンにもなるフタがついているタイプで約1000gの生地が焼けます。ただ家庭用のオーブンには入らない場合があるので、鍋タイプの「ダブルダッチオーブン」がおすすめです。ダッチは両者ともフタに生地をのせ、鍋でフタをして使用します。

秋 autumn

キンモクセイが香る澄んだ空気は着実に秋が進んだことを教えてくれる。ついこの間まで忙しく作業に追われていたのにゆっくり発酵を待つようになり、パンに向き合う気持ちに余裕が生まれる。
庭を見渡すと、野鳥たちは柿の食べ頃を見計らっている。朝が来るのもずいぶんと遅くなった。瓶の中にはキンモクセイ、りんご、葡萄、いちじく。秋の実りがパンになるのを待ちわびている。

巨峰酵母のレザン

上質なレーズンを惜しみなく練り込みます。
しっとりとしたクラムは、
巨峰酵母の果実味とドライフルーツの甘みが濃厚です。
深まる秋にぴったりな、葡萄尽くしのパンです。

材料　長さ約22cm・2本分
強力粉（はるゆたかブレンド）　500g
巨峰酵母　330ml
レーズン　200g
塩（ゲランドの塩）　10g

作り方
［ミキシング］
① レーズンは5分ほど水に浸し、水気をザルで濾す。
② ボウルに強力粉と塩を入れ、泡立て器でよく混ぜ合わせる。
③ 巨峰酵母を粉全体に回しかけながら注ぎ入れ、木ベラでゆっくり、大きく円を描きながら混ぜ合わせる。
④ 木ベラに生地がまとわりつき始めたら利き手で生地を捏ね、もう一方の手でボウルをゆっくり回しながら5～10分捏ねる。
⑤ ボウルや手にまとわりついていた生地がひとつの塊になるまで捏ね続けたらレーズンを加え、均等に馴染むまで数分捏ねる。
⑥ 生地を丸めてボウルの中央に置き、軽く霧吹きをしてラップをかける。
［一次発酵］
⑦ 25～28℃の環境で10～12時間、生地が2倍程度に膨らむまで発酵させる。
［分割・ベンチタイム］
⑧ 生地の表面に粉適量（分量外）をふり、カードで生地をボウルからはがし、作業台の上に取り出す。
⑨ 生地を2等分にして丸め、濡れフキンをかけて15分ほど休ませる。
［成形］
⑩ 生地の表面に粉適量（分量外）をふり、生地を麺棒で12×20cmの楕円形に伸ばしたら裏返し、手前から1/3、奥から1/3を中心に向けて折る。さらに半分に折ってナマコ形に成形し、合わせ目をしっかり閉じる。
⑪ キャンバス地に粉適量（分量外）をしっかりふる。布取りをし、閉じ目を下にして生地をのせる。
［二次発酵］
⑫ 25～28℃の環境で1時間半～2時間、生地がひと回り大きく膨らむまで発酵させる。
［焼成］
⑬ オーブンに天板を入れ、200～250℃に予熱する。
⑭ 予熱完了後、ヤケドしないように注意しながら熱した天板を取り出してオーブン用シートを敷き、素早く生地を並べたら斜めに5～7本クープを入れる。
⑮ 生地の表面に霧吹きをし、素早くオーブンに入れる。庫内にも霧吹きをする。
⑯ 180～200℃で26分ほど焼き、表面に香ばしい焼き色がついたらオーブンから取り出す。

すりつぶし巨峰酵母のフォカッチャ

すりつぶし巨峰酵母の
フォカッチャ

イタリア・トスカーナ地方の郷土菓子、
スキャッチャータからヒントを得たフォカッチャです。
生地に無造作にのせた葡萄がとてもジューシー。
隠し味にローズマリーを散らせば、
大人のデザートパンになります。

材料　20×25cmの長方形・1枚分
［生地］
準強力粉（TYPE-ER）　300g
すりつぶし巨峰酵母　180ml
グレープシードオイル
　（またはオリーブオイル）　大さじ1強
塩（ゲランドの塩）　6g
［トッピング］
葡萄（巨峰、スチューベンなど）
　300g〜400g
ローズマリー　1枝
グラニュー糖　適量
グレープシードオイル
　（またはオリーブオイル）　適量

作り方
［ミキシング］
① ボウルに準強力粉と塩を入れ、泡立て器でよく混ぜ合わせる。
② すりつぶし巨峰酵母を粉全体に回しかけながら注ぎ入れ、木ベラでゆっくり、大きく円を描きながら混ぜ合わせる。
③ 木ベラに生地がまとわりつき始めたら利き手で生地を捏ね、もう一方の手でボウルをゆっくり回しながら5〜10分捏ねる。
④ ボウルや手にまとわりついていた生地がひとつの塊になるまで捏ね続けたらグレープシードオイルを加え、均等に馴染むまで数分捏ねる。
⑤ 生地を丸めてボウルの中央に置き、軽く霧吹きをしてラップをかける。
［一次発酵］
⑥ 25〜28℃の環境で6〜8時間、生地が2倍程度に膨らむまで発酵させる。
［成形］
⑦ 生地の表面に粉適量（分量外）をふり、カードで生地をボウルからはがし、オーブン用シートを敷いた天板の上に取り出す。
⑧ 生地の表面を上にして、手でやさしく押さえながら20×25cmの長方形に伸ばす。
［二次発酵］
⑨ 25〜28℃の環境で1時間〜1時間半、生地がひと回り大きく膨らむまで発酵させる。
［トッピング］
⑩ 葡萄は皮ごと半分に切る。
⑪ 生地にグレープシードオイルを垂らし、手のひらで撫でるようにやさしく全体に塗る。
⑫ 葡萄の切り口を上にしてランダムに生地に埋め込み、ローズマリーの葉を散らし、グラニュー糖をふる。
［焼成］
⑬ オーブンを200〜250℃に予熱する。
⑭ 予熱完了後、⑫を素早くオーブンに入れる。
⑮ 180〜200℃で20分ほど焼く。焦げやすいので、焼成時間にかかわらず焼き色がしっかりついたらオーブンから取り出す。

すりつぶし柿酵母のピザ

毎秋、たくさん実る柿をより楽しむ方法はないかと
思いついたのが、柿とりんご、レモンのハチミツマリネ。
これを薄く伸ばした生地にトッピングしたら、
秋らしいデザートピザになりました。
柿酵母は発酵力が特に強いため、
水とブレンドして使用します。

材料　20×25cmの長方形・1枚分
[生地]
準強力粉（TYPE-ER）　250g
すりつぶし柿酵母　75ml
水　75ml
オリーブオイル　15g
塩（ゲランドの塩）　5g
[トッピング]
柿　1/2個
りんご　1/2個
レモン　1/4個
ハチミツ　大さじ2

作り方
[ミキシング]
1 ボウルに準強力粉と塩を入れ、泡立て器でよく混ぜ合わせる。
2 すりつぶし柿酵母と水を混ぜ、粉全体に回しかけながら注ぎ入れ、木ベラでゆっくり、大きく円を描きながら混ぜ合わせる。
3 木ベラに生地がまとわりつき始めたら利き手で生地を捏ね、もう一方の手でボウルをゆっくり回しながら5〜10分捏ねる。
4 ボウルや手にまとわりついていた生地がひとつの塊になるまで捏ね続けたら、オリーブオイルを加え、均等に馴染むまで数分捏ねる。
5 生地を丸めてボウルの中央に置き、軽く霧吹きをしてラップをかける。
[一次発酵]
6 25〜28℃の環境で6〜8時間、生地が2倍程度に膨らむまで発酵させる。
[成形]
7 生地の表面に粉適量（分量外）をふり、カードで生地をボウルからはがし、オーブン用シートを敷いた天板の上に取り出すⒶ。
8 生地の表面を上にして、手でやさしく押さえながら20×25cmの長方形に伸ばすⒷ。
[二次発酵]
9 25〜28℃の環境で1時間ほど、生地が膨らむまで発酵させる。
[トッピング]
10 柿は皮をむいて、りんごとレモンは皮ごと、それぞれ3mm厚さのいちょう切りにする。
11 10 をボウルに合わせ、ハチミツを加えてマリネする。
12 11 の水気をザルで漉し、生地の上にまんべんなくのせるⒸ。
[焼成]
13 オーブンを200〜250℃に予熱する。
14 予熱完了後、12 を素早くオーブンに入れる。
15 ピザの耳に焼き色がつくまで200〜230℃で25分ほど焼く。

干しいちじく酵母のフィグ・ノワ

干しいちじく酵母のフィグ・ノワ

私がパンを作り始めた頃、庭のいちじくでパンを焼いたら
どんなに美味しいだろうとワクワクしながら酵母を起こしました。
順調に発酵し、いよいよ生地を捏ねてみました。
けれども、どうにも生地がだれてしまい、
満足な結果が得られません。
原因はいちじくのタンパク質を分解する酵素でした。
フレッシュないちじくなら一度加熱するか、ドライを使用すると、
問題を解消できます。ライ麦配合の生地に、肉厚の干しいちじく
とカシューナッツをたっぷりと混ぜ込んだ、滋味深い秋のパンです。

材料　直径約21cm・1個分
[生地]
強力粉（はるゆたかブレンド）　350g
ライ麦粉（細挽き）　150g
干しいちじく酵母　330ml
塩（ゲランドの塩）　10g
干しいちじく　90g
ローストカシューナッツ　60g

作り方
[ミキシング]
① ボウルに強力粉とライ麦粉、塩を入れ、泡立て器でよく混ぜ合わせる。
② 干しいちじく酵母を粉全体に回しかけながら注ぎ入れ、木ベラでゆっくり、大きく円を描きながら混ぜ合わせる。
③ 木ベラに生地がまとわりつき始めたら利き手で生地を捏ね、もう一方の手でボウルをゆっくり回しながら5〜10分捏ねる。
④ ボウルや手にまとわりついていた生地がひとつの塊になるまで捏ね続けたら、4〜6等分にカットした干しいちじく、カシューナッツを加え、均等に馴染むまで数分捏ねる。
⑤ 生地を丸めてボウルの中央に置き、軽く霧吹きをしてラップをかける。
[一次発酵]
⑥ 25〜28℃の環境で10〜12時間、生地が2倍程度に膨らむまで発酵させる。
[成形]
⑦ 生地の表面に粉適量（分量外）をふり、カードで生地をボウルからはがし、作業台の上に取り出す。
⑧ 生地の表面を上にして、反時計回りにハンドルを回すようなイメージで生地を丸める（表面が適度に張るまで8〜10回転）。
⑨ 閉じ目を指でしっかりつまんで締める。
⑩ 閉じ目を下にして丸めた生地を作業台の上に置き、表面に粉適量（分量外）をふる。発酵カゴにも粉適量（分量外）をふり、閉じ目を上にして発酵カゴに入れる。
[二次発酵]
⑪ 25〜28℃の環境で1時間半〜2時間、生地がひと回り大きく膨らむまで発酵させる。
[焼成]
⑫ オーブンに天板を入れ、200〜250℃に予熱する。
⑬ 予熱完了後、ヤケドしないように天板を取り出してオーブン用シートを敷く。素早くカゴをひっくり返して生地を落とし、四角くクープを入れる。
⑭ 生地の表面に霧吹きをし、素早くオーブンに入れる。庫内にも霧吹きをする。
⑮ 180〜200℃で30分ほど焼き、表面に香ばしい焼き色がついたらオーブンから取り出す。

キンモクセイ酵母のリュスティック

キンモクセイ酵母のリュスティック

はかない季節の一瞬を味わう。
このパンにはそんな魅力があるように思います。
粗熱が取れたパンをちぎり、静かに嚙み締めてみる。
するとキンモクセイの甘い香りがほんのりと鼻に抜けていきます。
パンから秋を感じる瞬間です。

材料　直径約10cm・4個分
強力粉（はるゆたかブレンド）　500g
キンモクセイ酵母　400ml
塩（ゲランドの塩）　11g

作り方
［ミキシング］
① 強力粉と塩を合わせてボウルにふるい入れる。
② キンモクセイ酵母を粉全体に回しかけながら注ぎ入れ、やさしく混ぜ合わせる。ボウルをゆっくり回転させながら生地を中央に向けて折り畳むように8〜10回混ぜる。
③ 生地をボウルの中央に寄せてラップをかける。
［一次発酵］
④ 25〜28℃の環境で10〜12時間、生地が2倍程度に膨らむまで発酵させるⒶ。
［分割・成形］
⑤ 生地の表面に粉適量（分量外）をふってカードで生地をボウルからはがしⒷ、作業台の上に取り出すⒸ。
⑥ 粉適量（分量外）をしっかりふり、生地が作業台にくっつかないように数回折り畳んで裏返しⒹⒺⒻ、カードで4等分しⒼ、軽くまとめるⒽ。
⑦ キャンバス地に粉適量（分量外）をしっかりふる。布取りをし、閉じ目を下にして生地をのせるⒾ。
［二次発酵］
⑧ 25〜28℃の環境で1時間〜1時間半、生地がひと回り大きく膨らむまで発酵させる。
［焼成］
⑨ オーブンに天板を入れ、200〜250℃に予熱する。
⑩ 予熱完了後、ヤケドしないように注意しながら熱した天板を取り出してオーブン用シートを敷き、閉じ目を上にして生地をのせる。生地の表面に霧吹きをし、素早くオーブンに入れる。庫内にも霧吹きをする。
⑪ 表面に香ばしい焼き色がつくまで200℃で20分ほど焼く。

冬 winter

畑に初霜が降りると
冬の果実が熟し、収穫を迎える。
レモン、ゆず、キンカン、かりん。
冬の日差しを受けて
黄色く輝く酵母たち。
香り、酸味、苦味が
それぞれに違うので、
パンに個性が表れて楽しい。
フタを緩めると、
爽やかな香りがしぶきを上げる。

りんご酵母とルッコラ、金ごまのブール

冬のルッコラは寒さが増すごとに辛味が増し、
パンの副材料としての個性を発揮してくれます。
りんご酵母の生地に、ごまの風味の素材同士がほどよく調和し、
野性味が感じられる冬野菜が主役の食事パンです。

材料　直径約10cm・4個分

強力粉（はるゆたかブレンド）　500g
りんご酵母　320ml
塩（ゲランドの塩）　10g
ルッコラ（または春菊）　100g
金ごま（炒り）　50g
ごま油　16g

作り方

[ミキシング]

1 ボウルに強力粉と塩を入れ、泡立て器でよく混ぜ合わせる。りんご酵母を粉全体に回しかけながら注ぎ入れ、木ベラでゆっくり、大きく円を描きながら混ぜ合わせる。

2 木ベラに生地がまとわりつき始めたら利き手で生地を捏ね、もう一方の手でボウルをゆっくり回しながら5〜10分捏ねる。

3 ボウルや手にまとわりついていた生地がひとつの塊になるまで捏ね続けたら金ごまとごま油を加えて均等に馴染むまで数分捏ね、ざく切りにしたルッコラを加えてさらに数分捏ねる。

4 生地を丸めてボウルの中央に置き、軽く霧吹きをしてラップをかける。

[一次発酵]

5 25〜28℃の環境で10〜12時間、生地が2倍程度に膨らむまで発酵させる。

[分割・成形]

6 生地の表面に粉適量（分量外）をふり、カードで生地をボウルからはがし、作業台の上に取り出す。

7 生地を4等分して、反時計回りにハンドルを回すようなイメージで生地を丸める（表面が適度に張るまで8〜10回転）。

8 閉じ目を指でしっかりつまんで締める。キャンバス地に粉適量（分量外）をしっかりふる。布取りをし、閉じ目を下にして生地をのせる。

[二次発酵]

9 25〜28℃の環境で1時間半〜2時間、生地がひと回り大きく膨らむまで発酵させる。

[焼成]

10 オーブンに天板を入れ、200〜250℃に予熱する。

11 予熱完了後、ヤケドしないように注意しながら熱した天板を取り出してオーブン用シートを敷き、素早く生地をのせたら格子状にクープを入れる。

12 生地の表面に霧吹きをし、素早くオーブンに入れる。庫内にも霧吹きをする。

13 香ばしい焼き色がつくまで180〜200℃で18分ほど焼く。

すりつぶしりんご酵母のシナモンロール

すりつぶしりんご酵母の
シナモンロール

すりつぶしりんご酵母とバター、シナモンの相性は抜群です。
りんごの果実味とバターのコク。
これだけでも十分に美味しそうですが、
さらに香り高いシナモンシュガーを巻き込めば、
満足感いっぱいの菓子パンができ上がります。

材料　直径約10cm・8個分

[生地]

準強力粉（TYPE-ER）　500g

すりつぶしりんご酵母　255ml

無塩バター　75g

砂糖　75g

塩（ゲランドの塩）　10g

シナモンパウダー　7g

[シナモンシュガー]

グラニュー糖　70g

シナモンパウダー　15g

カルダモンパウダー　少々

作り方

[ミキシング]

① 無塩バターはダイス状に切る。
② ボウルに準強力粉と砂糖、塩、シナモンパウダーを入れ、泡立て器でよく混ぜ合わせる。
③ すりつぶしりんご酵母を粉全体に回しかけながら注ぎ入れ、木ベラでゆっくり、大きく円を描きながら混ぜ合わせる。
④ 木ベラに生地がまとわりつき始めたら利き手で生地を捏ね、もう一方の手でボウルをゆっくり回しながら5分ほど捏ねる。
⑤ ④に①を加え、均等に馴染むまで5分ほど捏ねる。
⑥ 生地を丸めてボウルの中央に置き、軽く霧吹きをしてラップをかける。

[一次発酵]

⑦ 25〜28℃の環境で6〜8時間、生地が2倍程度に膨らむまで発酵させる。

[分割・ベンチタイム]

⑧ 生地の表面に粉適量（分量外）をふり、カードで生地をボウルからはがし、作業台の上に取り出すⒶ。
⑨ 生地を2等分にしてやさしく丸め、濡れフキンをかけて15分ほど休ませる。

[成形]

⑩ 生地の表面に粉適量（分量外）をふり、最初は手でやさしく押さえⒷ、麺棒で40×14cmの長方形に伸ばすⒸ。
⑪ 短辺の両端を1cm残し、合わせたシナモンシュガー半量をまんべんなくのせるⒹ。
⑫ 太さが均一になるように生地を丁寧に巻き込みⒺ、閉じ目に軽く霧吹きをしⒻ、しっかり押さえる。
⑬ ブレッドナイフで4等分にカットしⒼ、形を整えⒽ、オーブン用シートを敷いた天板にのせる。残りの生地も同様に巻いてカットする。

[二次発酵]

⑭ 25〜28℃の環境で1時間〜1時間半、生地がひと回り大きく膨らむまで発酵させる。

[焼成]

⑮ オーブンを200〜250℃に予熱する。
⑯ 予熱完了後、生地の表面に霧吹きをし、素早くオーブンに入れる。庫内にも霧吹きをする。
⑰ 180℃で18分ほど焼く。

107

レモン酵母のノワ・レザン

レモン酵母のノワ・レザン

天然酵母の定番、レーズンとクルミ入りパンも
季節ごとに酵母を使い分けると、旬を楽しむことができます。
レモン酵母の爽やかな風味はレーズンとの相性が抜群です。
ほろ苦い後味もクルミと相まって、心地よいアクセントになります。

材料　直径約14cm・2個分
強力粉（はるゆたかブレンド）　400g
全粒粉（石臼挽き全粒粉）　100g
レモン酵母　330ml
レーズン　100g
クルミ　60g
塩（ゲランドの塩）　10g

作り方

［ミキシング］
① レーズンは5分ほど水に浸し、水気をザルで漉す。
② ボウルに強力粉と全粒粉、塩を入れ、泡立て器でよく混ぜ合わせる。
③ レモン酵母を粉全体に回しかけながら注ぎ入れ、木ベラでゆっくり、大きく円を描きながら混ぜ合わせる。
④ 木ベラに生地がまとわりつき始めたら利き手で生地を捏ね、もう一方の手でボウルをゆっくり回しながら5〜10分捏ねる。
⑤ ボウルや手にまとわりついていた生地がひとつの塊になるまで捏ね続けたら、①とクルミを加え、均等に馴染むまで数分捏ねる。
⑥ 生地を丸めてボウルの中央に置き、軽く霧吹きをしてラップをかける。

［一次発酵］
⑦ 25〜28℃の環境で10〜12時間、生地が2倍程度に膨らむまで発酵させる。

［分割・ベンチタイム］
⑧ 生地の表面に粉適量（分量外）をふりⒶ、カードで生地をボウルからはがし、作業台の上に取り出すⒷ。
⑨ 生地を2等分にしⒸ、それぞれ丸めⒹ、濡れフキンをかけて15分ほど休ませる。

［成形］
⑩ 生地の表面に粉適量（分量外）をふり、カードで生地をボウルからはがし、作業台の上に取り出す。
⑪ 生地をそれぞれ反時計回りにハンドルを回すようなイメージで丸める（表面が適度に張るまで8〜10回転）。
⑫ 閉じ目を指でしっかりつまんで締めるⒺ。
⑬ 閉じ目を下にして丸めた生地を作業台の上に置いて形を軽く整えⒻ、表面に粉適量（分量外）をふるⒼ。発酵カゴにも粉適量（分量外）をふり、閉じ目を上にして発酵カゴに入れるⒽ。

［二次発酵］
⑭ 25〜28℃の環境で1時間半〜2時間、生地がひと回り大きく膨らむまで発酵させるⒾ。もう一度閉じ目をしっかり締めて粉適量（分量外）をふるⒿ。

［焼成］
⑮ オーブンに天板を入れ、200〜250℃に予熱する。
⑯ 予熱完了後、ヤケドしないように熱した天板を取り出す。オーブン用シートを敷き、素早くカゴをひっくり返して生地を落としⓀ、格子状にクープを入れるⓁ。
⑰ 生地の表面に霧吹きをし、素早くオーブンに入れる。庫内にも霧吹きをする。
⑱ 表面に香ばしい焼き色がつくまで180〜200℃で26分ほど焼く。

レモン酵母のクッペ

シンプルなパンにレモン酵母の個性が引き立ちます。
生地の旨み、甘みの先に爽やかな風味と
皮のほのかな苦味をのど越しに感じることができます。
一見大人向けのパンのようで、
実はお子様のファンが多い食事パンです。

材料　長さ約22cm・2本分
強力粉（はるゆたかブレンド）　500g
レモン酵母　330ml
塩（ゲランドの塩）　10g

作り方
［ミキシング］
① ボウルに強力粉と塩を入れ、泡立て器でよく混ぜ合わせる。
② レモン酵母を粉全体に注ぎ入れ、木ベラでゆっくり混ぜる。
③ 木ベラに生地がまとわりつき始めたら利き手で生地を捏ね、もう一方の手でボウルをゆっくり回しながら5～10分捏ねる。
④ ボウルや手にまとわりついていた生地がひとつの塊になるまで捏ね続けたら、生地を丸めてボウルの中央に置き、軽く霧吹きをしてラップをかける。
［一次発酵］
⑤ 25～28℃の環境で10～12時間、生地が2倍程度に膨らむまで発酵させる。
［分割・ベンチタイム］
⑥ 生地の表面に粉適量（分量外）をふり、カードで作業台の上に取り出す。
⑦ 生地を2等分にして丸め、濡れフキンをかけて15分ほど休ませる。
［成形］
⑧ 生地の表面に粉適量（分量外）をふり、生地を麺棒で12×20cmの楕円形に伸ばしⒶ、裏返して手前から1/3、奥から1/3を中心に向けて折るⒷ。さらに半分に折ってナマコ形に成形し、合わせ目をしっかり閉じるⒸ。
⑨ キャンバス地に粉適量（分量外）をしっかりふる。布取りをし、閉じ目を下にして生地をのせるⒹ。
［二次発酵］
⑩ 25～28℃の環境で1時間半～2時間、生地がひと回り大きく膨らむまで発酵させる。
［焼成］
⑪ オーブンに天板を入れ、200～250℃に予熱する。
⑫ 予熱完了後、ヤケドしないように注意しながら熱した天板を取り出してオーブン用シートを敷き、素早く生地を並べたら縦に1本クープを入れるⒺ。
⑬ 生地の表面に霧吹きをし、素早くオーブンに入れる。庫内にも霧吹きをする。
⑭ 表面に香ばしい焼き色がつくまで180～200℃で26分ほど焼く。

レモン酵母のジンジャーブレッド

おにぎり形の小振りなハードブレッド。
レモンと生姜の風味は、寒い季節にぴったりです。

材料　直径約10cm・4個分
強力粉（はるゆたかブレンド）　300g
レモン酵母　198ml
レモンピール　60g
生姜の砂糖漬け（市販品でも可）　20g＊
塩（ゲランドの塩）　6g

＊生姜の砂糖漬け
新生姜、もしくは根生姜を繊維を切るようにして薄切りにする。水にさらし、2回ほど水を替えてアク抜きをする。鍋に入れ、ひたひたの水を注ぎ、「沸騰したら茹でこぼす」を好みの辛さになるまで行う（3〜5回）。透き通るまで煮たら生姜と同量の砂糖を加え、弱火で煮詰める。しっかり煮詰まったらオーブン用シートの上に並べ、乾かす。

作り方
［ミキシング］
1 ボウルに強力粉と塩を入れ、泡立て器でよく混ぜ合わせる。
2 レモン酵母を粉全体に回しかけながら注ぎ入れ、木ベラでゆっくり、大きく円を描きながら混ぜ合わせる。
3 木ベラに生地がまとわりつき始めたら利き手で生地を捏ね、もう一方の手でボウルをゆっくり回しながら5〜10分捏ねる。
4 ボウルや手にまとわりついていた生地がひとつの塊になるまで捏ね続けたら、レモンピールと生姜の砂糖漬けをざく切りにして加え、均等に馴染むまで数分捏ねる。
5 生地を丸めてボウルの中央に置き、軽く霧吹きをしてラップをかける。
［一次発酵］
6 25〜28℃の環境で10〜12時間、生地が2倍程度に膨らむまで発酵させる。
［分割・ベンチタイム］
7 生地の表面に粉適量（分量外）をふり、カードで生地をボウルからはがし、作業台の上に取り出す。
8 生地を4等分にして軽く丸め、濡れフキンをかけて15分ほど休ませる。
［成形］
9 指、または麺棒で、中央におにぎり形を意識しながら3方向に伸ばして耳を作る。
10 3つの耳で中央のおにぎり形を包むように閉じて、おにぎり形に成形する。
11 キャンバス地に粉適量（分量外）をしっかりふる。布取りをし、閉じ目を下にして生地をのせる。
［二次発酵］
12 25〜28℃の環境で1時間半〜2時間、生地がひと回り大きく膨らむまで発酵させる。
［焼成］
13 オーブンに天板を入れ、200〜250℃に予熱する。
14 予熱完了後、ヤケドしないように注意しながら熱した天板を取り出してオーブン用シートを敷き、閉じ目を上にして素早く生地を並べる。
15 生地の表面に霧吹きをし、素早くオーブンに入れる。庫内にも霧吹きをし、180〜200℃で18分ほど焼く。表面に香ばしい焼き色がついたらオーブンから取り出す。

ゆず酵母のショコラバトン

ゆず酵母のショコラバトン

11月の半ば頃、ゆずが黄色く熟すと
家族総出でゆず仕事に取りかかります。
タロー屋の冬のショコラバトンは
手作りのゆずピールが主役です。
ビターな生地にゆずの香りが清々しく香ります。

材料　長さ約26cm・6本分
強力粉（はるゆたかブレンド）　250g
ゆず酵母　180ml
ココアパウダー　35g
チョコレートチップ　60g
ゆずピール（市販品でも可）　30g＊
塩（ゲランドの塩）　5g

＊ゆずピール
ゆずは皮を5mm幅に切る。鍋にゆずの皮と、ゆずの皮の半量の砂糖を加え、水分が出るまでしばらく待つ。水分が出たら弱火で30分ほど煮詰める。水分がなくなったら火を止める。

作り方
[ミキシング]
1 ボウルに強力粉とココアパウダー、塩を入れ、泡立て器でよく混ぜ合わせる。
2 ゆず酵母を粉全体に回しかけながら注ぎ入れⒶ、木ベラでゆっくり、大きく円を描きながら混ぜ合わせるⒷ。
3 木ベラに生地がまとわりつき始めたら利き手で生地を捏ね、もう一方の手でボウルをゆっくり回しながら5～10分捏ねるⒸ。生地が固い場合は適宜足し水をする。
4 3にチョコレートチップとゆずピールを加え、均等に馴染むまで数分捏ねる。
5 生地を丸めてボウルの中央に置きⒹ、軽く霧吹きをしてラップをかける。
[一次発酵]
6 25～28℃の環境で10～12時間、生地が2倍程度に膨らむまで発酵させる。
[分割・成形]
7 生地の表面に粉適量（分量外）をふり、カードで生地をボウルからはがし、作業台の上に取り出す。
8 生地をカードで6等分にし（長方形にカットすると後の成形作業がしやすい）、麺棒で8×18cmの長方形に伸ばすⒺ。
9 横長に生地を置き、手前から1/3、奥から1/3を中心に向けて折り、さらに半分に折るⒻ。転がしながら長さ24cmの棒状に成形しⒼ、合わせ目をしっかり閉じⒽ、指で押えて閉じ目を平らにしⒾ、裏返す。残りの生地も同様に成形し、オーブン用シートを敷いた天板に並べる。
[二次発酵]
10 25～28℃の環境で1時間半～2時間、生地がひと回り大きく膨らむまで発酵させる。
[焼成]
11 オーブンを200～250℃に予熱する。
12 予熱完了後、生地に粉適量（分量外）をふり、斜めに6本クープを入れる。
13 生地の表面に霧吹きをし、素早くオーブンに入れる。庫内にも霧吹きをする。
14 180℃で18分ほど焼く。

キンカン酵母のコンプレ

キンカン酵母のコンプレ

しっかり焼き込んだ外皮は香ばしく、内層はもっちり。
噛み締めるごとに、キンカン独特の風味を
ほのかに感じることができます。
お店でこのパンを焼き始めると、冬の到来を実感します。

材料　長さ約22cm・1個分

強力粉（はるゆたかブレンド）　250g
全粒粉（石臼挽き全粒粉）　250g
キンカン酵母　330ml
塩（ゲランドの塩）　10g

作り方

[ミキシング]
①ボウルに強力粉と全粒粉、塩を入れ、泡立て器でよく混ぜ合わせる。
②キンカン酵母を粉全体に回しかけながら注ぎ入れ、木ベラでゆっくり、大きく円を描きながら混ぜ合わせる。
③木ベラに生地がまとわりつき始めたら利き手で生地を捏ね、もう一方の手でボウルをゆっくり回しながら5〜10分捏ねる。
④ボウルや手にまとわりついていた生地がひとつの塊になるまで捏ね続けたら、ボウルの中央に置き、軽く霧吹きをしてラップをかける。

[一次発酵]
⑤25〜28℃の環境で10〜12時間、生地が2倍程度に膨らむまで発酵させる。

[ベンチタイム]
⑥生地の表面に粉適量（分量外）をふり、カードで生地をボウルからはがしⒶ、作業台の上に取り出すⒷ。
⑦生地を軽く丸めⒸ、濡れフキンをかけて15分ほど休ませる。

[成形]
⑧生地の表面に粉適量（分量外）をふり、最初は手でやさしく押さえⒹ、生地を麺棒で16×20cmの楕円形に伸ばすⒺ。裏返して手前から1/3、奥から1/3を中心に向けて折るⒻ。さらに半分に折りながらラグビーボール形に成形し、合わせ目をしっかり閉じるⒼ。
⑨表面に粉適量（分量外）をふりⒽ、発酵カゴ（オーバル型）にも粉適量（分量外）をふり、閉じ目を上にして発酵カゴに入れるⒾ。

[二次発酵]
⑩25〜28℃の環境で1時間半〜2時間、生地がひと回り大きく膨らむまで発酵させる。

[焼成]
⑪オーブンに天板を入れ、200〜250℃に予熱する。
⑫予熱完了後、ヤケドしないように注意しながら熱した天板を取り出してオーブン用シートを敷く。素早くカゴをひっくり返して生地を落とし、縦に1本クープを入れる。
⑬生地の表面に霧吹きをし、素早くオーブンに入れる。
⑭180〜200℃で30分ほど焼き、表面に香ばしい焼き色がついたらオーブンから取り出す。

撮影	photography
在本彌生	Yayoi Arimoto

装幀	book design
樋口裕馬	Yuma Higuchi

編集	edit
小池洋子	Yoko Koike
（グラフィック社）	(graphic-sha)

special thanks

武井映里	Eri Takei
高橋欣之	Yoshiyuki Takahashi
住田雪子	Yukiko Sumida
森田美浦	Miho Morita
親戚、家族	Relatives, Family

タロー屋／星野太郎・真弓
1973年埼玉県生まれ。酵母の不思議な力に魅せられ、独学でパン作りを始める。2007年6月地元さいたま市浦和区の住宅街にて、夫婦で『畑のコウボパン タロー屋』をスタート。工房隣りの自家菜園で自身の父が育てる無農薬栽培の野菜やハーブ、四季折々の果実から野生の酵母を自家培養し、一期一会のパンを作っている。
https://www.taroya.com

春夏秋冬、季節の酵母が香るパン

2017年1月25日　初版第1刷発行
2017年6月25日　初版第2刷発行
2020年6月25日　初版第3刷発行
2024年1月25日　初版第4刷発行

著者	タロー屋
発行者	西川正伸
発行所	株式会社グラフィック社
	〒102-0073
	東京都千代田区九段北1-14-17
	tel. 03-3263-4318（代表）　03-3263-4579（編集）
	https://www.graphicsha.co.jp

印刷・製本　図書印刷株式会社

定価はカバーに表示してあります。
乱丁・落丁本は、小社業務部宛にお送りください。小社送料負担にてお取り替え致します。
著作権法上、本書掲載の写真・図・文の無断転載・借用・複製は禁じられています。
本書のコピー、スキャン、デジタル化等の無断複製は著作権法上の例外を除き禁じられています。
本書を代行業者等の第三者に依頼してスキャンやデジタル化することは、
たとえ個人や家庭内での利用であっても著作権法上認められておりません。

ISBN978-4-7661-2875-8
Printed in Japan